Property of
PSJA ISD
Dual Language Program

GRANDES PERSONAJES EN LA HISTORIA DE LOS ESTADOS UNIDOS™

ALEXANDER HAMILTON

ESTADISTA ESTADOUNIDENSE

ALEINE DEGRAW

TRADUCCIÓN AL ESPAÑOL:
TOMÁS GONZÁLEZ

The Rosen Publishing Group, Inc.
Editorial Buenas Letras™
New York

Published in 2004 by The Rosen Publishing Group, Inc.
29 East 21st Street, New York, NY 10010

Copyright © 2004 by The Rosen Publishing Group, Inc.

First Spanish Edition 2004
First English Edition 2004

All rights reserved. No part of this book may be reproduced in any form without permission in writing from the publisher, except by a reviewer.

Library of Congress Cataloging-in-Publication Data

DeGraw, Aleine.
[Alexander Hamilton. Spanish]
Alexander Hamilton: estadista estadounidense/by Aleine DeGraw; traducción al español Tomás González.
    p. cm. — (Grandes personajes en la historia de los Estados Unidos)
Summary: Surveys the life of the American statesman, lawmaker, writer of the Federalist Papers, and first secretary of treasury under George Washington.
Includes bibliographical references (p.) and index.
ISBN 0-8239-4125-6 (lib. bdg.)
ISBN 0-8239-4219-8 (pbk.)
6-pack ISBN 0-8239-7560-6
1. Hamilton, Alexander, 1757–1804—Juvenile literature. 2. Statesmen—United States—Biography—Juvenile literature. 3. United States—Politics and government—1775-1783—Juvenile literature. 4. United States—Politics and government—1783-1809—Juvenile literature. [1. Hamilton, Alexander, 1757–1804. 2. Statesmen. 3. Spanish language materials.] I. Title. II. Primary sources of famous people in American history. Spanish.
E302.6.H2D4418 2003
973.4'092—dc21
                                                                                2003009418

Manufactured in the United States of America

Photo credits: cover, pp. 17 (inset), 23 Independence National Historical Park; p. 5 (top) Library of Congress Geography and Map Division; pp. 5 (bottom), 13 Museum of the City of New York; p. 6 courtesy of Phelps Stokes Collection, Miriam and Ira D. Wallach Division of Art, Prints and Photographs, The New York Public Library, Astor, Lenox, and Tilden Foundations; pp. 7, 29 © North Wind Picture Archives; p. 8 Picture Collection, The Branch Libraries, The New York Public Library, Astor, Lenox, and Tilden Foundations; p. 9 courtesy of Rare Books and Manuscripts, The New York Public Library, Astor, Lenox, and Tilden Foundations; p.10 courtesy of Charles Penniman; p. 11 courtesy of the Mount Vernon Ladies' Association; p.14 Library of Congress Manuscript Division; p.15 courtesy of PictureHistory; p. 17 National Archives and Records Administration; p. 18 © Bettmann/Corbis; p. 19 Library of Congress Manuscript Division; p. 20 courtesy of Archiving Early America; p. 21 Réunion des Musées Nationaux/Art Resource, NY; p. 25 © Hulton/Archive/Getty Images; p. 26 courtesy of the *New York Post*; pp. 27, 28 National Portrait Gallery, Smithsonian Institution/Art Resource, NY.

Designer: Thomas Forget; Editor: Mark Beyer; Photo Researcher: Rebecca Anguin-Cohen

CONTENIDO

CAPÍTULO 1   Primeros años y educación   4

CAPÍTULO 2   La política y el ejército   10

CAPÍTULO 3   La Constitución y los Ensayos
              Federalistas   14

CAPÍTULO 4   Secretario del Tesoro   18

CAPÍTULO 5   El famoso duelo   24

              Cronología   30

              Glosario   31

              Sitios Web   31

              Lista de fuentes primarias
              de imágenes   31

              Índice   32

1 PRIMEROS AÑOS Y EDUCACIÓN

Alexander Hamilton nació en las Antillas británicas en 1755. Cuando Alexander aún era joven, su padre se declaró en quiebra. Su madre murió cuando él tenía 13 años. Alexander empezó a trabajar de oficinista en una empresa mercantil. Hamilton era inteligente y sus jefes le ayudaron a pagarse los estudios. Alexander continuó con su educación.

¿SABÍAS QUE...?

Alexander tenía diez años cuando comenzó a ayudar a su madre, Rachel, con la contabilidad. Trabajaban juntos en la tienda de su mamá. Así fue cómo empezó a aprender a trabajar con dinero.

Alexander Hamilton nació en Nevis, una isla de las Antillas Menores. Estas islas pertenecieron a potencias europeas tales como Inglaterra y Dinamarca. El joven Alexander vivió en muchas islas durante su juventud.

En 1773, Hamilton viajó a la ciudad de Nueva York y estudió en una escuela de Nueva Jersey durante un año. A finales del año siguiente entró a la universidad King's College (hoy Columbia), en Nueva York. Ahí se interesó en la política y en la escritura. El comienzo de la Guerra de Independencia en 1775 interrumpió sus estudios. Hamilton sólo tenía diecinueve años de edad.

Pintura del siglo XVIII con la universidad King's College al fondo. Hamilton estudió allí entre 1773 y 1775. La ciudad de Nueva York quedaba varias millas hacia el sur.

Alexander Hamilton calmó a los amotinados que querían incendiar los edificios de la universidad King's College.

Mientras Hamilton estudiaba en King's College, se produjo la revuelta conocida como Fiesta del Té de Boston (*Boston Tea Party*). La gente, enojada por los impuestos, arrojó a la bahía de Boston más de 300 cajas de té. Esto costó mucho dinero a los británicos. La Fiesta del Té de Boston aumentó el interés de Hamilton por la política.

El gobierno británico aumentó los impuestos a las colonias en la década de 1760. La ley llamada Acta de Sellos gravó con impuestos la mayoría de los productos. Los colonos se rebelaron contra los fuertes impuestos que les impusieron.

Colonos vestidos de indios norteamericanos se apoderan de los barcos en la Bahía de Boston. Las compañías británicas perdieron miles de dólares en té. Hamilton estuvo de acuerdo con los colonos. Desde entonces se dedicó activamente a la política.

2 LA POLÍTICA Y EL EJÉRCITO

En 1776, Hamilton se hizo capitán de artillería del ejército de Nueva York. El general George Washington reconoció la inteligencia de Hamilton y, en marzo de 1777, lo nombró su asistente o "ayudante de campo". Hamilton tenía dotes de escritor, lo cual era útil para Washington, pero Hamilton quería tener una participación más activa en el ejército.

El trabajo de Hamilton como ayudante de campo consistía en escribir cartas. Es probable que haya trabajado en un escritorio como este.

El general Washington condujo el ejército de los colonos durante la Guerra de Independencia. Hamilton escribía cartas e informes militares para él. A Washington le simpatizaba Hamilton y más tarde lo puso al mando de las tropas.

En 1780, Hamilton se casó con Elizabeth Schuyler, hija de un general. Después de la Guerra de Independencia, Hamilton estudió leyes en la ciudad de Albany, Nueva York. En 1782 fue elegido para el Congreso Continental. Hamilton creía que el Congreso debía tener más poder, pero no llegó muy lejos con sus ideas. Entonces se dedicó a trabajar como abogado en la ciudad de Nueva York.

LIDERAZGO

En 1781 se produjo una batalla contra los británicos en Yorktown, Virginia. George Washington puso a Hamilton al mando de las tropas.

Alexander Hamilton se casó con Elizabeth Schuyler casi al final de la guerra. A Elizabeth la llamaban "Betsey". Hamilton y Betsey hablaban de todos los temas, y él respetaba la opinión de su esposa.

3 LA CONSTITUCIÓN Y LOS ENSAYOS FEDERALISTAS

Hamilton quería mejorar la vida en los Estados Unidos. En 1786 fue elegido para la Asamblea del Estado de Nueva York. Aquel mismo año asistió a una convención en Maryland. Allí presentó la idea de una constitución. En 1787 se celebró en Filadelfia la Convención Constitucional donde se planeó el nuevo gobierno. Hamilton pronunció un discurso durante cinco horas.

Hamilton tomó muchas notas durante la Convención Constitucional. Hamilton argumentó a favor de un gobierno federal fuerte. Temía que los estados se pelearan por el comercio y el dinero. Un gobierno federal tendría poder sobre cada uno de los estados.

En la Convención Constitucional de 1787 se reunieron
delegados de los trece estados. La Constitución dio poder
al gobierno para crear un sistema bancario nacional.

Hamilton creía en un gobierno fuerte, poderoso. No todos en la Convención Constitucional estaban de acuerdo con él. Se requería que nueve de los trece estados estuvieran de acuerdo en este punto. John Jay y James Madison le ayudaron a Hamilton a escribir ensayos sobre la Constitución. A estos escritos se les llamó los Ensayos Federalistas.

ESCRIBIENDO EL CAMBIO

Hamilton escribió la mayoría de los 85 ensayos sobre la Constitución. Más tarde se les llamó Ensayos Federalistas.

"Nosotros, el pueblo", así inicia la Constitución de Estados Unidos. Esto implica que el pueblo tenía poder sobre el gobierno. John Jay *(a la izquierda)* escribió ensayos en los que pedía un gobierno federal fuerte. Jay, Hamilton y James Madison contribuyeron a que los delegados votaran por un sistema federal de gobierno.

4 SECRETARIO DEL TESORO

El presidente Washington nombró a Hamilton primer Secretario del Tesoro. Hamilton tenía ideas para resolver los problemas financieros del país. Una idea tenía que ver con el pago de la deuda. Otra era la creación de un banco nacional estadounidense. Hamilton también consideraba importante ayudar al desarrollo de la industria.

Hamilton *(de pie)* presenta su plan para un sistema bancario nacional. Para ayudar a pagar las deudas de la guerra, Hamilton aconsejó a Washington gravar con impuestos los bienes de consumo.

November 1787.

but In my letter to the Secretary I have expressed in unequivocal terms a wish that your merits and Sacrafices may be rewarded to your entire satisfaction.— If they should not and it proves a mean of your withdrawing from the Unite States, I shall be among the number of those who will regret the event, as it would give me pleasure that you should continue in a country the liberties of which owe much to your Services.—

I have the honor to be Sir Yr. Most Obedt. and. Most Hbble Servant

G Washington

Alexander Hamilton Esqr

Dear Sir,

I thank you for the Pamphlet, and gazette contained in your letter of the 30th Ulte. for the remaining numbers of Publius I shall acknowledge myself obliged as I am persuaded the subject will be well handled by the author of them.

The new Constitution has as the public prints will have informed you, been handed to the People of this State by an unanimous vote of the Assembly; but

Mount Vernon November 10th. 1787.

El general George Washington escribió muchas cartas en las que pedía ideas a la gente. Estas ideas contribuyeron a la preparación de la Constitución. Hamilton a menudo enviaba a Washington folletos y otros materiales.

19

Hamilton ayudó al presidente a manejar las relaciones con otros países. Aconsejó a Washington no tomar partido durante la Revolución Francesa. En 1794 ayudó a crear un tratado entre Inglaterra y Estados Unidos. Se llamaba Tratado de Jay.

Hamilton ayudó a escribir el Tratado de Jay en 1794. El tratado arreglaba problemas entre Gran Bretaña y Estados Unidos, y establecía reglas para el comercio y el transporte marítimo entre los dos países.

TREATY
OF
Amity, Commerce, and Navigation,
BETWEEN
HIS BRITANNIC MAJESTY
AND THE UNITED STATES OF AMERICA,
BY THEIR PRESIDENT,
WITH THE ADVICE AND CONSENT OF THEIR
SENATE.
CONDITIONALLY RATIFIED
ON THE PART OF THE
UNITED STATES,
At Philadelphia, June 24, 1795.

TO WHICH IS ANNEXED,
A Letter from Mr. Jefferson to Mr. Hammond, alluded to in the seventh Article of said
TREATY.

PHILADELPHIA,
PRINTED BY NEALE AND KAMMERER:
Sold N°. 24, North Third Street.

—1795—

Soldados revolucionarios franceses conducen a la reina
María Antonieta al cadalso, para ser decapitada. Hamilton
no estaba de acuerdo con que Estados Unidos ayudara a la
Revolución Francesa.

Hamilton no estaba de acuerdo con Thomas Jefferson y James Madison. Estos desacuerdos dieron origen a los primeros partidos políticos de Estados Unidos. Jefferson y Madison crearon el Partido Republicano en 1798. Hamilton y otros federalistas estaban en desacuerdo con los republicanos.

UN GRAN HONOR

Puedes ver el rostro de Alexander Hamilton en el billete de diez dólares. Hamilton no fue presidente de Estados Unidos. La mayoría de las otras personas que aparecen en los billetes fueron presidentes. Sin embargo, Hamilton tuvo un trabajo importante en el gobierno.

Thomas Jefferson *(arriba)* y James Madison *(izquierda)* fueron enemigos políticos de Hamilton. Sus desacuerdos dieron como resultado la creación de los partidos políticos. Tanto Madison como Jefferson fueron presidentes del país.

5 EL FAMOSO DUELO

Hamilton dejó su trabajo como Secretario del Tesoro en 1795 pero siguió aconsejando al presidente. Regresó a su trabajo como abogado en Nueva York y, en 1798, fue nombrado de nuevo general del ejército. Para entonces John Adams era el presidente. Adams necesitaba ayuda, pues era posible que estallara una guerra contra Francia. Pero estos dos hombres no se llevaban bien y muy pronto se volvieron enemigos.

¿SABÍAS QUE...?

John Adams fue elegido presidente en 1796. El vicepresidente era Thomas Jefferson. En aquella época, los dos eran miembros del Partido Federalista, lo mismo que Hamilton.

John Adams *(arriba)* recibió ayuda de Hamilton para derrotar a Thomas Jefferson en la campaña de 1796 por la presidencia. Cuatro años más tarde Hamilton no ayudó a Adams, y Jefferson lo derrotó en las elecciones presidenciales.

En 1800 se celebraron elecciones presidenciales. Thomas Jefferson y Aaron Burr recibieron la misma cantidad de votos y el ganador tuvo que ser decidido por el congreso. Hamilton apoyaba a Jefferson, a pesar de que éste era republicano. A Hamilton no le gustaba Burr y trató de que otros federalistas también votaran por Jefferson.

Después de las elecciones de 1800, Hamilton construyó una casa en la ciudad de Nueva York. Hamilton fundó el diario *New York Evening Post.*

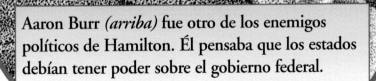

Aaron Burr *(arriba)* fue otro de los enemigos políticos de Hamilton. Él pensaba que los estados debían tener poder sobre el gobierno federal.

En 1804, Burr era candidato a gobernador del estado de Nueva York. Nuevamente, Hamilton trató de evitar que ganara las elecciones. Burr se molestó y lo retó a duelo. Hamilton aceptó el desafío. Hamilton y Burr se enfrentaron el 11 de julio de 1804, en Weehawken, Nueva Jersey. Hamilton recibió un disparo y murió al día siguiente.

En 1801 Alexander Hamilton vivía en la ciudad de Nueva York. Utilizaba su diario, el *New-York Evening Post*, para atacar a sus enemigos políticos. Hamilton ofendió a Burr en 1804. Burr lo retó a duelo.

La ilustración muestra el duelo entre Hamilton y Burr en Nueva Jersey. Fíjate en los testigos, a la izquierda. En los duelos era necesario que cada duelista tuviera un testigo. Burr hirió a Hamilton en el costado. La bala quedó alojada en la espalda. Hamilton murió el día siguiente.

CRONOLOGÍA

1755—Nace Alexander Hamilton.

1768—Muere la madre de Alexander Hamilton.

1773—Hamilton llega a Nueva York.

1773—Se produce la Fiesta del Té de Boston.

1775—Comienza la Guerra de Independencia.

1777—Hamilton se convierte en asistente del General George Washington.

1780—Alexander Hamilton y Elizabeth Schuyler se casan.

1781—Hamilton ayuda a dirigir la batalla de Yorktown.

1782—Hamilton es elegido para el Congreso Continental.

1786—Hamilton es elegido para la Asamblea del Estado de Nueva York.

1787—Se celebra la Convención Constitucional en Filadelfia, Pensilvania; Hamilton trabaja en los Ensayos Federalistas con John Jay y James Madison.

1789—George Washington se convierte en el primer presidente de Estados Unidos; Hamilton se convierte en Secretario del Tesoro.

1795—Hamilton renuncia al puesto de Secretario del Tesoro.

1798—Hamilton es nombrado inspector general del ejército.

1804—Hamilton y Aaron Burr se retan a duelo. Hamilton muere el 12 de julio.

GLOSARIO

artillería (la) La división de un ejército que utiliza cañones.

ayudante de campo (el, la) Oficial del ejército que ayuda a un militar de alto rango.

bancarrota (la) No poder pagar las deudas.

Constitución (la) Las reglas básicas con las que se gobierna un país.

duelo (el) Lucha entre dos personas en la que se utilizan espadas o armas de fuego y se siguen reglas estrictas.

industria (la) Negocio con ánimo de lucro en el que trabaja mucha gente y se fabrica un producto en particular.

partido político (el) Grupo de personas con ideas similares sobre la forma en que debe gobernarse.

política (la) El debate y las actividades que se producen cuando se gobierna un país.

tesoro (el) Lugar donde se mantiene el dinero del gobierno.

tratado (el) Acuerdo oficial, firmado y respaldado por las partes involucradas.

SITIOS WEB

Debido a las constantes modificaciones en los sitios de Internet, The Rosen Publishing Group, Inc., ha desarrollado un listado de sitios Web relacionados con el tema de este libro. Este sitio se actualiza con regularidad. Por favor, usa este enlace para acceder a la lista:

http://www.rosenlinks.com/fpah/aham

LISTA DE FUENTES PRIMARIAS DE IMÁGENES

Página 5 (arriba): Mapa de las islas Antillas, 1774, dibujado por Joseph Smith Speer. Actualmente en la Biblioteca del Congreso, Washington, D.C.

Página 5 (abajo): Busto tallado de Alexander Hamilton, por Giuseppe Ceracchi, 1791 aproximadamente. Museo de la Ciudad de Nueva York.

Página 6: Grabado que representa a la universidad King's College, 1763, Nueva York. El dibujo es de Thomas Howdell y el grabado, de P. Canot.

Página 7: Ilustración coloreada a mano por Howard Pyle, titulada *Hamilton habla a las turbas en King's College*. Apareció en *Harper's Monthly* en 1884.

Página 8: Ilustración titulada *Stamp Act Riot*, 1765 aproximadamente. Biblioteca Pública de Nueva York.

Página 9: Grabado titulado *Boston Tea Party*, por W .D. Cooper, 1789. En la actualidad se encuentra en la Biblioteca Pública de la ciudad de Nueva York.

Página 10: Escritorio de campaña, 1775 aproximadamente.

Página 11: Retrato de George Washington, por Charles Willson Peale, 1780. Se encuentra en la actualidad en la biblioteca Mount Vernon y en el museo Curatorial Collections, de Mount Vernon, Virginia.

Página 13: Retrato de Elizabeth Schuyler Hamilton, por Ralph Earl, 1787. Actualmente está en el Museo de la Ciudad de Nueva York.

Página 14: Notas manuscritas de Alexander Hamilton tomadas durante la Convención de la Constitución de 1787. Actualmente están en la Biblioteca del Congreso, Washington, D.C.

Página 15: Pintura titulada *"La Convención de la Constitución"*, 1787.

Página 17: Constitución de Estados Unidos, 1789. Se encuentra en la actualidad en los Archivos Nacionales, Washington, D.C.; retrato de John Jay, por John Trumbull, 1875.

Página 18: Ilustración de Hamilton dirigiéndose al gabinete del presidente Washington.

Página 19: Carta de 1787 de George Washington al barón Von Steuben (arriba); y carta de 1787 de George Washington a Alexander Hamilton (abajo). Están actualmente en la Biblioteca del Congreso.

Página 20: El Tratado de Jay, 1795. Fue impreso por Neale y Kammerer, en Filadelfia, Pensilvania.

Página 21: Pintura de María Antonieta camino del cadalso, 1794. Actualmente está en el Museo de la Revolución Francesa, Vizille, Francia.

Página 23: Ilustración grande: Retrato de Thomas Jefferson, por Charles Willson Peale, 1791. Ilustración pequeña: Retrato de James Madison, por James Shaples, 1796, aproximadamente. Las dos pinturas se encuentran en el Independence National Historical Park, de Filadelfia, Pensilvania.

Página 25: Retrato de John Adams, del siglo XVIII.

Página 26: Primera edición del *New York Evening Post*, 16 de noviembre de 1801, actualmente en los archivos de ese diario.

Página 27: Grabado de Aaron Burr, por Enoch G. Gridley, 1801 aproximadamente. Se encuentra en el museo Smithsonian Institution, Washington, D.C.

Página 28: Grabado de Alexander Hamilton, por William Rollinson, 1804 aproximadamente. Se encuentra en el museo Smithsonian Institution, Washington, D.C.

Página 29: Grabado en madera del siglo XIX, coloreado a mano, del duelo entre Hamilton y Burr, por W. H. Hooper.

ÍNDICE

A
Adams, John, 24
Asamblea del Estado de Nueva York, 14
ayudante de campo, 10

C
Congreso Continental, 12
Constitución, 16
Convención Constitucional, 14, 16

D
duelo, 28

E
Ensayos Federalistas, 16

F
Fiesta del Té de Boston, 8
Francia, 24

G
Guerra de Independencia, 6, 12

I
Inglaterra, 20

J
Jay, John, 16
Jefferson, Thomas, 22, 26

K
King's College, 6, 8

M
Madison, James, 16, 22

N
Nueva York, 6, 12, 24

P
Partido Federalista, 22, 26
Partido Republicano, 22, 26

R
Revolución Francesa, 20

S
Schuyler, Elizabeth, 12
Secretario del Tesoro, 18, 24

W
Washington, George, 10, 18, 20

ACERCA DEL AUTOR

Aleine DeGraw es investigadora y escritora. Vive en la ciudad de Nueva York.